NIKOLA
TESLA

Montando biografias. Nikola Tesla
Título original: *Biografías para armar. Nikola Tesla*
Textos: Daniel Balmaceda
Ilustrações: Pablo Bernasconi

Investigação: Patricia Gutiérrez Méndez
Coordenação editorial: Florencia Carrizo
Edição de texto: Florencia Errecarte e Cristina Paoloni
Tradução: Carolina Caires Coelho
Revisão: Tomaz Adour
Design gráfico: Pablo Ayala e Verónica Álvarez Pesce

Primeira edição.

Catapulta editores

R. Adib Auada, 35 Sala 310 Bloco C
Bairro: Granja Viana - CEP: 06710-700 – Cotia – São Paulo.
E-mail: infobr@catapulta.net
Web: www.catapulta.net

ISBN 978-85-92689-60-5

Impresso na China em junho de 2019.
Complemento feito na China.

Balmaceda, Daniel
Montando biografias : Nikola Tesla / Daniel Balmaceda ; [ilustração] Pablo Bernasconi ; [tradução Carolina Caires Coelho]. -- Cotia, SP : Catapulta, 2019.

Título original: Biografías para armar : Nikola Tesla.
ISBN 978-85-92689-60-5

1. Engenheiros elétricos - Estados Unidos -Biografia 2. Inventores - Estados Unidos - Biografia 3. Tesla, Nikola, 1856-1943 I. Bernasconi, Pablo. II. Título.
19-25064 CDD-621.3092

Índices para catálogo sistemático:
1. Engenheiros elétricos : Biografia e obra
621.3092
Iolanda Rodrigues Biode - Bibliotecária - CRB-8/10014

MONTANDO BIOGRAFIAS

NIKOLA TESLA

DANIEL BALMACEDA • PABLO BERNASCONI

Catapulta junior

ÍNDICE

Julho de 1931

Caro Sr. Tesla:

Fico feliz em saber que o senhor está comemorando seu septuagésimo quinto aniversário e, como pioneiro bem-sucedido no campo da energia de alta frequência, pôde experimentar o desenvolvimento dessa tecnologia.

Eu o parabenizo pelo grande sucesso no trabalho de toda a sua vida.

Albert Einstein

Fig: 1.

1. ELETROMAGNÉTICA. O FILHO DA LUZ

No dia 9 de julho de 1856, a cidade europeia de Smiljan, onde hoje fica a Croácia, amanheceu com o céu encoberto, com um cinza ameaçador. A tempestade era iminente.

Quando o vento começou a soprar com força, Duka, que estava prestes a dar à luz, pediu que seu marido chamasse a parteira. Apesar do temporal, Milutin Tesla, o marido de Duka, correu em busca de ajuda para sua mulher. Era seu quarto filho, mas o sr. Tesla não conseguia se acostumar com as urgências dos nascimentos.

Quando anoiteceu, a tempestade já havia começado a cair na cidade e os raios iluminavam o céu como se fossem fogos de artifício dando as boas-vindas ao pequeno. Nas primeiras horas do dia 10 de julho, no mesmo momento em que um trovão fez a casa tremer, nasceu o bebê Nikola Tesla. A parteira que ajudou a jovem mãe profetizou que o clima com o qual o bebê tinha chegado ao mundo era um mau sinal.

— Vai ser um filho das tempestades — disse ela.

— Não — respondeu a mãe emocionada enquanto observava o filho recém-nascido. — Vai ser um filho da luz.

Sua mãe não se enganou.

Depois do nascimento de Nikola, os Tesla tiveram outro filho. No total, tiveram cinco filhos, dois homens e três mulheres: Dane, Milka, Angelina, Nikola e Marica.

Duka e Milutin Tesla eram de origem sérvia. Milutin, o pai da família, era sacerdote da igreja ortodoxa sérvia. Duka, a mãe, descendente de uma família de inventores, ocupava-se das tarefas da casa. Nunca frequentou a escola, mas havia algo especial nela:

era uma mulher extremamente inteligente. As invenções dela eram provas disso. Duka idealizava e construía diversos utensílios e ferramentas caseiras que a ajudavam nas tarefas domésticas. Além disso, apesar de não saber ler, recitava poemas tradicionais sérvios aos filhos, poemas que tinha memorizado.

Nikola teve sua primeira experiência com a eletricidade aos três anos. Um dia, estava sentado no chão com seu gato Mácak. Quando o menino começou a acariciar as costas do gato, viu que o pelo do animal se arrepiava e ele emitia faíscas muito ruidosas.

— O que é esse barulho, papai? — perguntou o pequeno a Milutin.

— É eletricidade. A mesma que você vê nos raios quando chove. E, por favor, deixe o gato em paz!

O pelo do animal estava carregado de eletricidade devido às insistentes carícias do menino.

Uma das distrações preferidas de Nikola durante a infância era passar o dia perto de um rio que corria próximo de sua casa. E foi ali que ele teve a ideia de sua primeira invenção. No rio havias rãs e sapos, mas o pequeno nunca conseguia pegá-los. Por isso, fez um gancho especial para caçar sapos. Era um equipamento muito simples, mas também muito eficiente.

Como seus pais perceberam que Nikola tinha uma curiosidade inata, decidiram matriculá-lo na escola aos cinco anos.

Antes de completar seis anos, ele inventou mais uma coisa: um motor movido ao voo das abelhas. Com abelhas! Os insetos, ao tentar fugir, batiam as asas e assim geravam a força motora necessária para girar as pás de um pequeno moinho.

fig:1.
No. 382,279.
(No Model.)

Muitos anos depois, ao se lembrar dessa invenção, diria: "Queria usar a energia da natureza para proveito do homem".

Em 1862, a família Tesla se mudou para a cidade de Gospic, a apenas cinco quilômetros de Smiljan. Ali, o pequeno inventor continuou com seus estudos.

Desde cedo, começou a ter visões. Via em sua mente imagens detalhadas de objetos e lugares, nos quais nunca havia estado, com um nível de precisão que assustava. Isso começou a lhe causar grande incômodo e angústia porque, às vezes, não conseguia distinguir entre sua imaginação e a realidade.

Alguns especialistas acreditavam que Nikola Tesla tinha sinestesia, um estranho distúrbio que faz com que a pessoa acometida, diante de um estímulo exterior, perceba, ao mesmo tempo, sensações diferentes. Frente a um estímulo auditivo como a música, por exemplo, o cérebro de uma pessoa com sinestesia faz com que ela consiga sentir seu cheiro.

No caso de Nikola, a sinestesia ia do auditivo ao visual.

Esse distúrbio e as visões constantes que tinha o deixavam muito angustiado. Aos doze anos, decidiu que precisava conseguir controlá-las.

Para poder dominar as visões, o jovem recorreu ao controle mental, que permitia que ele as canalizasse para a criação de invenções. E com o tempo, esse estranho distúrbio acabou sendo de grande utilidade: nunca precisou de lápis e papel para desenhar suas invenções. Enxergava tudo perfeitamente em sua própria mente.

Em 1870, aos catorze anos, a família Tesla se mudou para Karlovac, uma cidade onde hoje fica a Croácia. Lá, frequentou o ensino médio.

Destacou-se em Física e Matemática. Fazia, com facilidade, cálculos mentais tão complexos que seus professores acreditavam que ele os enganava. Mas, acima de qualquer coisa, gostava das demonstrações e dos experimentos de eletricidade feitos pelos professores de Física. Queria descobrir todos os segredos dessa força maravilhosa e misteriosa!

O jovem inventor também gostava de filosofia e literatura, principalmente poesia. Seus preferidos eram Shakespeare, Goethe e Voltaire. Inclusive aprendeu, de cabeça, algumas de suas obras!

O jovem Tesla também se destacava nos idiomas. Para ele era simples e natural aprender idiomas diferentes. Chegou a falar oito deles.

Quando tinha quinze anos, teve uma de suas visões. Viu, com perfeita clareza, uma máquina de aço com uma roda enorme nas cataratas do Niágara, localizadas na fronteira entre Estados Unidos e Canadá. A enorme máquina de sua visão utilizava a força da água que caía das cataratas para produzir energia. Contou ao pai sobre a visão que teve e lhe disse que um dia iria aos Estados Unidos para utilizar a energia da água. Muitas das invenções de Nikola Tesla surgiram a partir de suas visões.

Em apenas três anos, concluiu o ensino médio, o que estava previsto para demorar quatro anos. Ao terminar os estudos, Nikola queria estudar Física e Matemática na universidade. No entanto, Milutin, seu pai, insistiu para que ele se tornasse sacerdote, como ele.

Mas, então, algo aconteceu que mudou sua vida. Aos dezessete anos, Nikola adoeceu em decorrência de cólera. Essa doença fez com que ele passasse nove meses na cama.

Tesla disse, alguns anos mais tarde, que aquela foi a pior época de sua vida. Sua mente, que tinha vida própria, estava enjaulada em um corpo que não reagia. A doença seguia em diferentes rumos, como a energia: em alguns momentos, Nikola melhorava e, em outros, ficava à beira da morte.

Em um desses momentos desesperadores nos quais a vida de Nikola estava por um fio, seu pai fez uma promessa. Se seu filho melhorasse, ele apoiaria sua decisão de estudar Engenharia. Poderia frequentar a melhor universidade. E deixaria de insistir para que ele fosse sacerdote.

Pouco a pouco, a saúde de Nikola melhorou. Recuperou o apetite e voltou a conseguir ficar de pé. Seu corpo recobrou a energia. O jovem estava decidido a seguir com a vida. Seu sonho de estudar Engenharia se transformaria em realidade. Não podia morrer. O mundo precisava dele.

2. LUMINOSA. A MÁQUINA DE ENERGIA ELÉTRICA

Quando se recuperou da cólera, e antes de dar início aos estudos universitários, Nikola passou um tempo na cidade vizinha de Tomingaj, nas montanhas. Aproveitou seu retiro para ler muito, descansar e recobrar as forças. O contato com a natureza fortaleceu seu corpo, mente e espírito.

Em 1875, finalmente pôde entrar na faculdade, como tanto tinha desejado. Deu início ao curso de Engenharia Elétrica na Escola Politécnica de Graz, na Áustria, que naquela época pertencia ao império austro-húngaro, assim como Croácia, República Tcheca, Bósnia e Herzegovina, Eslováquia e Hungria, entre outros. Nikola estava determinado a dominar as forças da eletricidade e utilizá-las em benefício da humanidade.

Durante o primeiro ano, foi um aluno modelo e tirava as melhores notas. Estudava todos os dias desde as três da madrugada até às onze da noite, incluindo domingos e feriados. O ritmo de estudo de Nikola era extenuante e alguns professores temeram por sua saúde.

No segundo ano do curso, o jovem Tesla decidiu limitar-se ao estudo da Física, da Mecânica e da Matemática. No início do curso, na aula de Física, o professor Poeschl realizou uma demonstração com um Dínamo de Gramme, uma máquina que transforma a energia mecânica em energia elétrica.

O dínamo é um tipo de imã com formato em U, e dentro dele é inserida uma bola de cobre chamada bobina. Em cima dessa bobina, são apoiadas chapas de metal que soltam faíscas quando a fazem girar. Tesla observou com atenção o mecanismo e disse ao professor que ele poderia criar uma máquina mais perfeita. A máquina que estudavam gerava uma corrente contínua.

Entendia que existia outro sistema possível de transmissão de energia, o de corrente alternada.

Até aquele momento, todas as máquinas elétricas funcionavam por meio do sistema de corrente contínua. A corrente contínua viaja em apenas uma direção, como uma fila de formigas ordenadas. O dínamo era composto por uma peça enorme chamada comutador, que era o que fazia a corrente se mover de modo contínuo. O comutador gerava calor e faísca com o contato das peças de metal, o que desperdiçava energia e, com o tempo, o motor era prejudicado. Tesla deduziu que o comutador não era necessário. Poderia ser eliminado e a corrente alternada poderia ser utilizada no lugar da contínua. No entanto, quando apresentou a ideia ao professor, este considerou que eliminar tal peça era impossível, zombou do jovem aluno entusiasmado, e o desafiou a mostrar suas ideias. O jovem inventor se sentiu envergonhado e se determinou a, um dia, mostrar que tinha razão.

As visões que Nikola Tesla tinha, muitas vezes, davam a solução aos problemas que encontrava. Mas, às vezes, era difícil para ele colocar em prática a solução que havia visto com tanta clareza em sua mente. E na ciência, para que uma teoria seja aceita, é preciso demonstrá-la com provas concretas.

Por ter estudado incansavelmente no primeiro ano da faculdade, durante o segundo, Nikola começou a tirar algum tempo livre. Jogava bilhar, xadrez e cartas por dinheiro.

Devido a sua mente brilhante e ao conhecimento que tinha acerca da matemática, acreditava que poderia vencer todas as partidas. Tornou-se obcecado com o jogo e o terceiro ano da faculdade foi um desastre completo. Deixou de assistir às aulas e perdeu todo o dinheiro que tinha para pagar as despesas.

Seu pai ficava muito irritado ao ver como o filho desperdiçava a vida jogando cartas. Duka, sua mãe, utilizou outra técnica para convencê-lo a parar de jogar. Certa tarde, enquanto terminava de tomar chá, Duka se aproximou do filho com muitas notas enroladas e disse:

— Pegue isto, filho. Vá se divertir.

— O que é isso, mamãe? — perguntou o jovem Tesla.

— Nossas economias. Vá. Use tudo nas apostas. Quanto antes perder todas as nossas posses, melhor será. Sei que logo você vai se recuperar — disse a mãe, com ironia.

Com essa estratégia, Duka conseguiu fazer com que o filho deixasse de jogar.

Nikola tinha perdido a possibilidade de voltar para a faculdade. Não havia conseguido fazer as provas devido ao vício em jogos, por isso voltou para casa.

Milutin, o pai de Nikola, faleceu em 1879, e Nikola teve que sair para trabalhar e ajudar a família. Começou a dar aulas na escola de Gospic. Mas essa não era sua vocação. O que mais desejava era criar, descobrir os segredos das energias que moviam o mundo, principalmente a energia elétrica.

Em 1881, decidiu sair em busca de seu destino.

Chegou a Budapeste, na Hungria, e conseguiu trabalho na Companhia Telefônica. Quando terminou o projeto que tinham encomendado a ele, tornou-se gerente. Graças a seu trabalho, melhorou a eficácia das equipes na estação telefônica central e foram aprimorados os amplificadores dos telefones. No entanto, nunca recebeu crédito por tais conquistas.

A falta de incentivos e, principalmente, de reconhecimento a seu trabalho, deu a ele a sensação de que estava em uma rua sem saída. Era uma mente brilhante desperdiçada pelo mundo.

E, então, adoeceu de novo. Teve uma crise nervosa que o deixou à beira da morte. Seu cérebro passou por algo difícil: os cabos que conectam o corpo ao cérebro entraram em curto-circuito. Permaneceu prostrado por muitos meses. Mas graças à admirável força de vontade que tinha, conseguiu vencer seus demônios e começou a se recuperar.

Antes de voltar ao trabalho, teve que se dedicar a fortalecer seu corpo. O plano de recuperação incluía longos passeios pelo parque. E, em um deles, as ideias que rondavam sua mente há tanto tempo encontraram seu lugar, como se fossem peças de um quebra-cabeça que finalmente conseguia montar.

Enquanto Nikola caminhava pelo parque Varosliget, de Budapeste, começou a recitar versos de Fausto, a famosa obra de Goethe, que já tinha memorizado.

A luz retrocede, terminou o dia de esforço
Sobrevoa entediada explorando novos campos de vida.
Ah... nenhuma asa pode me erguer do solo
Para seguir sobre suas pegadas, elevando-me.

"A luz retrocede", ele repetia. "A luz retrocede".

E, de repente, essa luz iluminou sua mente. Uma nova visão apareceu com a solução que ele procurava. Pegou um galho caído de uma árvore e desenhou na terra o que tinha visto em sua mente com nitidez e clareza. Era o diagrama de um motor de corrente alternada. Era um esquema básico que suprimia o comutador, aquela peça do motor de corrente contínua que o jovem inventor tinha se proposto a eliminar na aula de Física.

Tesla compreendeu que estava diante de uma ideia realmente revolucionária. Havia idealizado um novo sistema de transmissão de energia. Nesse sistema de corrente alternada, a eletricidade, em vez de se mover sempre na mesma direção, movia-se em diferentes direções, alternadamente. Esse sistema eliminava as partes mecânicas que entravam em contato. Não causava cheiro, nem faíscas nem desgaste das peças, como acontecia com a corrente contínua.

Nikola Tesla estava decidido a mostrar ao mundo sua grande descoberta, que podia melhorar a geração de eletricidade.

Partiu de Paris, na França, para trabalhar na sucursal francesa da Companhia Continental Edison. Tal empresa era encarregada da construção de dínamos, motores e sistemas de iluminação, e tinha sido fundada pelo americano Thomas Alva Edison.

Edison foi um dos inventores mais importantes da história. Entre suas inúmeras invenções, destacam-se a lâmpada, como a que hoje em dia usamos em nossas casas e que ilumina todos os momentos do dia a dia, e o fonógrafo, um antepassado da vitrola, aparato que colocou a música no século XX.

Para alguém criativo como Nikola Tesla, não poderia existir lugar melhor para trabalhar do que a empresa de Edison. Ali poderia desenvolver sua criatividade e obter o reconhecimento que merecia.

Ao chegar a Paris, um de seus chefes, Charles Batchellor, encomendou a ele tarefas com as quais, finalmente, pôde demonstrar suas habilidades.

Instalou o sistema de luzes da Ópera de Paris e do teatro da Baviera, e melhorou os dínamos fabricados pela empresa. Além disso, reparou e aperfeiçoou o sistema elétrico de corrente contínua da Companhia Alemã de Trens em Estrasburgo, uma cidade localizada a noroeste da França.

Mas nenhum desses trabalhos foi recompensado como Nikola tinha imaginado, nem com dinheiro, nem com reconhecimento.

Em 1882, sua querida mãe, Duka, com quem Nikola tinha o vínculo mais profundo, faleceu. Foi um golpe duro para o jovem inventor.

Em meio à tristeza e ao desalento, Nikola recebeu um conselho que mudaria o rumo de sua vida. Charles Batchellor, deslumbrado pelo grande talento de seu funcionário, e diante do perigo de ele sofrer uma nova crise nervosa, recomendou que Tesla viajasse aos Estados Unidos e que trabalhasse com Thomas Edison. Nikola não pensou duas vezes. Era sua oportunidade e não podia desperdiçá-la. Na Europa, não havia nenhum interessado em desenvolver a corrente alternada, e talvez na América pudesse encontrar alguém que estivesse.

Organizou todos os seus pertences, que não eram muitos. Fez a mala, guardou no bolso do casaco a passagem de trem e do barco que o levaria à tão ansiada América. Na bolsa, também levava poemas e artigos sobre eletricidade escritos por ele. E as plantas de uma máquina voadora que havia projetado. Estava tão emocionado com a viagem que perdeu a noção do tempo. Quando chegou à estação, o trem já tinha começado a partir. Correu muito, e na corrida para alcançar o trem, perdeu as passagens e todo o dinheiro.

Viajou como clandestino aos Estados Unidos, sentado na popa do barco, com os poucos pertences que haviam restado, olhando para o horizonte à sua frente que foi deixando para trás, vislumbrando um futuro iluminado.

3. MAGNÉTICA. UM PRESENTE ESCURO

Primavera de 1884.

Um jovem de origem sérvia chegou a Nova York com uma mala cheia de ideias e quatro centavos nos bolsos. Mas não era só isso. Também levava consigo o incontrolável desejo de fazer parte do mundo das invenções que floresciam até o fim do século XIX.

Com a carta de recomendação do monsieur Batchellor, Tesla foi aceito na Companhia Edison pelo próprio fundador. Quando se conheceram, Nikola disse que conhecer pessoalmente o inventor mais famoso do mundo havia feito com que ele ficasse "emocionado até a medula".

Sua primeira tarefa na empresa foi projetar novamente os geradores de corrente contínua que, como o nome indica, são máquinas que geram eletricidade. Trabalhava vinte horas por dia. "Não acredito que haja emoção maior para um inventor do que ver alguma de suas criações funcionando. Essa emoção faz com que uma pessoa se esqueça de comer, de dormir, de tudo", Nikola costumava dizer.

Certa manhã, Edison notou a dedicação com que Tesla trabalhava e disse que, em sua empresa, muitos tinham trabalhado com afinco, mas que ele era o melhor funcionário que ele já tinha tido. Edison ofereceu a Tesla 50 mil dólares se conseguisse redesenhar todos os geradores de sua empresa.

Diante de tal estímulo vindo de quem Nikola considerava seu mentor, o jovem decidiu trabalhar ainda com mais esforço.

Queria ter o respaldo de Edison como inventor e seus conselhos como homem de negócios.

Thomas Edison, além de inventor, era empresário. Acreditava que era preciso vender as invenções. Parte do dinheiro conseguido com a venda era investido depois no desenvolvimento de novos inventos. Na realidade, o que Edison vendia eram as patentes, ou seja, os direitos para explorar as invenções comercialmente.

Nikola Tesla, ao contrário, só precisava de dinheiro para continuar trabalhando em suas invenções. E esse foi um grande problema para ele, já que nenhum inventor, nenhum homem de negócios investiria seu dinheiro em Tesla sem obter algum lucro. Imagine se a empresa que oferece eletricidade em sua casa não cobrasse pelos serviços! Isso é algo impensável!

Os ideais de Tesla iam de encontro aos interesses dos homens que tinham a possibilidade de financiar seus inventos. Para aquele jovem inventor era inconcebível cobrar pela distribuição de energia. Acreditava que a energia tinha que ser livre e gratuita.

Além disso, a ideia que Tesla fazia da ciência era muito diferente da do resto das pessoas que o cercavam. Para ele, a ciência tinha que estar a serviço do homem.

"Se eu tivesse a sorte de alcançar algum de meus ideais, seria em nome de toda a humanidade."

Ele entendeu, talvez melhor do que ninguém, que o universo era energia, que a energia estava ali, ao alcance de todos, e que sua missão como cientista era direcioná-la para satisfazer as necessidades do homem.

Quando Nikola pediu a seu chefe os 50 mil dólares prometidos, Edison respondeu:

Fig:1.
Fig.2
(No Model.)

"Tesla, você não entende nosso humor americano." O jovem inventor, apesar de ter ficado furioso e decepcionado, decidiu fazer as coisas com calma. Ainda lhe restava uma carta na manga.

Nikola Tesla mostrou a Edison suas ideias para mudar a forma de gerar eletricidade: o motor de corrente alternada, aquele que havia se apresentado a ele em uma visão durante seus passeios em Budapeste e que ele havia desenhado na terra de um parque.

Edison desestimulou sua ideia e disse que o sistema de corrente alternada não tinha futuro.

A opinião de Edison tinha uma justificativa. Estava cercado de inventores jovens que chegavam a seu escritório com muitas ideias novas. Ele sabia, por experiência, que era difícil colocar uma ideia em prática. Por que acreditaria que o motor de corrente alternada proposto pelo jovem Tesla poderia funcionar? E se fosse mais um projeto que depois não poderia desenvolver? Além disso, aceitar a ideia da corrente alternada de Tesla significava ter que readaptar todo o sistema que Edison tinha montado para a distribuição de energia elétrica.

Indignado por sua ideia ter sido ignorada e por não ter recebido o dinheiro que haviam prometido, Nikola Tesla pediu demissão da empresa de Edison. Estava decidido a criar sua própria empresa e a mostrar ao mundo que não estava enganado.

Mas, infelizmente, Tesla não era um homem de negócios, não sabia fazê-los e não se importava com eles. Além disso, confiava nas pessoas e não pensava que podia ser enganado por elas.

Encontrou dois investidores: Robert Lane e Benjamin Vale. E fundou a Companhia de Luz Elétrica Tesla. Primeiro, projetou um novo sistema de iluminação. Esta foi uma de suas primeiras patentes.

Os investidores se aproveitaram da ingenuidade de Tesla, que só se preocupava com seu trabalho com a eletricidade e não controlava os negócios. Tiraram Nikola da sociedade e eles ficaron-se com suas patentes.

Tesla passou o inverno seguinte abrindo valas por dois dólares ao dia no novo bairro de Manhattan, na cidade de Nova York. Era tão pobre naquela época que passava vários dias sem comer.

O gênio sérvio tinha chegado aos Estados Unidos com o sonho de dominar as forças da eletricidade e iluminar o mundo inteiro. Depois de quase dois anos, se viu sozinho, sem amigos e sem família, e sem as ferramentas necessárias para desenvolver suas invenções. O dinheiro que conseguia abrindo valas permitia que ele apenas sobrevivesse.

Será que aquele era o fim de seu sonho?

20
30
45

4. RADIANTE. EM BUSCA DE UM MUNDO MELHOR

O mundo do final do século XIX foi uma prévia do que seriam os próximos cem vertiginosos anos. Os enormes avanços científicos e tecnológicos tornaram possível melhorar as comunicações entre os distintos pontos de territórios extensos.

O trem foi o responsável por unir as nações.

Naquela época, um jovem de 22 anos chamado George Westinghouse, cujo nome se tornou a marca de muitos equipamentos elétricos que usamos em nossos lares hoje em dia, inventou o freio a ar para os trens, o que fez com que se tornassem mais seguros. E ficou milionário.

Westinghouse e Edison, ambos inventores, tinham algo mais em comum: sabiam comercializar suas invenções.

Enquanto isso, nosso jovem cientista continuava acumulando pequenas invenções e procurando investidores para desenvolver o motor de corrente alternada que ele havia projetado. E depois de muito insistir, finalmente conseguiu encontrar quem estivesse decidido a investir em seu projeto.

Alfred S. Brown, diretor da empresa de telégrafos Western Union, e o advogado Charles Peck acreditaram na ideia do jovem inventor. E se ofereceram para ajudá-lo a montar um laboratório em Manhattan. Ali pôde trabalhar e desenvolver todos os componentes necessários para elaborar seu tão esperado motor.

Entre 1887 e 1888, Nikola obteve mais de trinta patentes que permitiram que ele desse forma a um protótipo de seu motor alimentado com corrente alternada. Com esse motor, era possível impulsionar qualquer tipo de máquina.

Para apresentá-lo à sociedade, o Instituto Americano de Engenheiros Elétricos o convidou para dar uma conferência. Enfim, a sociedade científica começava a levar em consideração o trabalho de Nikola Tesla.

Westinghouse se interessou pelo cientista obcecado por eletricidade. Entendeu que Tesla não estava enganado quando dizia que o sistema de corrente alternada era o que predominaria no futuro para a distribuição da energia elétrica.

Mas quais eram as vantagens da corrente alternada em relação à corrente contínua?

O sistema de Edison, que utilizava a corrente contínua, apresentava dois problemas fundamentais. Por um lado, esse sistema desperdiçava energia pela forma com que funcionava seu motor gerador. Por outro, levar grandes quantidades de eletricidade a grandes distâncias era impossível com esse sistema, pois era muito caro e a corrente elétrica perdia potência. As plantas geradoras de corrente contínua só conseguiam levar eletricidades a um raio de 800 metros.

O sistema de corrente alternada proposto por Tesla resolvia esses problemas. A eletricidade podia ser levada a lugares distantes sem o desperdício de energia e, além disso, de forma muito mais econômica. Isso significava que todo mundo poderia receber eletricidade.

Assim como os trens conseguiram unir o extenso território dos Estados Unidos, a corrente alternada conseguiria levar eletricidade a toda uma nação.

Westinghouse ofereceu a Tesla financiar seu projeto.

Ambos assinaram um contrato que era muito favorável a Nikola.

Westinghouse financiaria a fabricação de dois motores de corrente alternada e daria a Tesla um pagamento inicial de 20 mil dólares, além de outros bônus que somavam 50 mil dólares. Além disso, o contrato especificava que por cada quilowatt (unidade que mede a potência elétrica) que a companhia vendesse, pagaria ao inventor 2,50 dólares! Uma quantia extraordinária!

Seria como vender água e cobrar 2,50 pelo litro! Quantos litros de água usamos para tomar banho ou para lavar roupas e pratos? Imagine se cada litro de água consumido por pessoa tivesse o preço de 2,50 dólares! E multiplique esse montante pela quantidade de água necessária para um país todo! Realmente é impensável.

Ou melhor ainda. Na realidade, um único prédio de dez andares em Manhattan, onde Tesla vivia, consome até 8 milhões de quilowatts por ano. Um único prédio. Só é preciso fazer as contas. Esse contrato havia transformado Nikola Tesla no homem mais rico do mundo de toda a história da humanidade. Isso demonstra que nem mesmo as pessoas mais visionárias do fim do século XIX, como Westinghouse, conseguiram prever o alcance que a eletricidade teria no mundo moderno.

Naquele momento, apenas as grandes cidades tinham iluminação elétrica nas ruas. Nas casas, quase ninguém tinha eletricidade. Além disso, não havia a que conectar a corrente elétrica; não havia geladeiras, televisores, cafeteiras nem torradeiras. Tudo isso ainda seria inventado. Mas o consumo de energia elétrica aumentaria. E Tesla sabia disso. Viu claramente que a energia, principalmente a eletricidade, mudaria o futuro do mundo.

Enquanto Tesla continuava trabalhando com suas invenções no laboratório, que era a única coisa que gostava de fazer, as duas companhias elétricas daqueles tempos – a de Edison e a de Westinghouse – se enfrentavam em uma batalha para dominar o mercado da eletricidade.

Esse conflito ficou conhecido como "a guerra das correntes". De um lado, estava o sistema de corrente contínua, idealizado por Edison e, por outro, o sistema de corrente alternada, que Westinghouse apoiava.

Ambas as empresas promoviam os benefícios de seus sistemas elétricos. O conflito foi intenso. Edison tentava desestimular o uso da corrente alternada com o argumento de que era muito perigosa porque usava uma voltagem maior. Para mostrar os perigos dessa corrente, chegou a sacrificar animais de rua.

No entanto, entre Edison e Tesla sempre existiu um respeito profissional.

Certa vez, Nikola fez um discurso para uma plateia enorme. Edison era muito famoso e sabia que, se o público o visse, chamaria a atenção de todos. Então, para não tirar a notoriedade de seu convidado, escutou o discurso nos bastidores. Quando Tesla soube da presença de Edison, disse seu nome e pediu à plateia que o aplaudisse, e ele foi ovacionado.

Por outro lado, quando os investidores da Empresa Westinghouse estudaram o contrato firmado entre o empresário e o cientista, advertiram que era impossível que ele fosse mantido. Se a cláusula de pagamento de 2,50 dólares por quilowatt fosse mantida, a empresa quebraria. George Westinghouse falou com Nikola Tesla e disse que não poderia cumprir sua palavra, e que precisava anular o contrato.

Tesla, sem consultar um advogado e em um gesto inesperado para o mundo dos negócios, rasgou o contrato com as próprias mãos.

Nikola era um homem muito agradecido. Principalmente com quem havia dado a ele a oportunidade de tornar seu grande sonho uma realidade: a distribuição da eletricidade por meio do sistema de corrente alternada. Ele era cientista e queria que a ciência beneficiasse toda a humanidade. Criava suas invenções pensando em um mundo melhor, no qual todos pudessem viver da maneira mais confortável possível. Se tivesse que abrir mão do pagamento de 2,50 dólares por quilowatt para isso, aceitaria, não se importava.

5. ELÉTRICA. E A MAGIA SE FEZ!

Nikola Tesla não descansava. Sua mente brilhante não parava de criar novas ideias.

Em 1890, começou a fazer testes com a corrente de alta frequência, que é um tipo de corrente elétrica com mais frequência do que a comum. Para isso, criou o que hoje é conhecido como a bobina de Tesla. Trata-se de um transformador ressonante. O que é isso? Um dispositivo elétrico que permite aumentar ou diminuir a tensão elétrica. A bobina de Tesla, conectada a alguma fonte de energia, tem a capacidade de aumentar substancialmente a voltagem. Imaginemos que a eletricidade circula por um cabo como se fosse a água fluindo dentro de uma mangueira. A corrente é como se fosse o fluxo de água. A voltagem é como se fosse a pressão da água. Ao colocar um bico na ponta da mangueira, a força da pressão da água aumenta notavelmente. A bobina de Tesla age de modo parecido. A corrente com uma voltagem baixa é enviada a uma bobina pequena. A mesma coisa acontece com o bico da mangueira, a bobina aumenta muito a voltagem. Assim funciona um transformador e assim é possível gerar mais potência para que a eletricidade vá mais longe. Quando a corrente chega ao ponto de utilização, a voltagem se reduz de novo com o transformador para que a corrente elétrica possa ser usada de modo cômodo e seguro.

Com essa bobina, Tesla não só planejava transmitir grandes quantidades de energia pelo mundo, mas também gerar comunicações entre pontos distantes.

Mas não trabalhou apenas com correntes de alta frequência, o genial inventor também começou a fazer testes com as primeiras lâmpadas fluorescentes.

Em 1891, obteve a cidadania americana. Esse fato marcou um momento-chave de sua vida. Nessa época, começou a receber reconhecimento por parte da comunidade científica. Foi nomeado, por dois anos, vice-presidente do Instituto Americano de Engenheiros Elétricos. Anos mais tarde, foi admitido como membro da Real Academia Sérvia.

A transmissão de energia sem cabos foi uma das grandes obsessões de Tesla durante sua vida. Para nós, no século XXI, a energia sem fio é algo do dia a dia, já que quase todos usamos um telefone celular. Mas no fim do século XIX era um fenômeno assombroso, quase de ficção científica. Tesla tinha certeza de que teria êxito. Ele tinha a capacidade de ver com clareza na mente, mas muitas vezes não conseguia trazer as ideias à realidade por falta de tecnologia adequada.

Tesla escreveu artigos nos quais expunha muitas de suas ideias. Neles era possível ver sua inteligência. Tesla previu que a energia não era apenas elétrica, e que no futuro, poderiam utilizar recursos naturais, como o vento, o sol ou o mar para gerar energia. Ou seja, compreendia a energia eólica, solar e marinha. Todas as energias alternativas.

"Ao longo do espaço existe energia, e é uma simples questão de tempo até que os homens tenham êxito em seus mecanismos vinculados ao aproveitamento dessa energia."

Sem dúvida, sua mente se adiantava aos tempos.

Em 1893, durante um congresso na cidade de Saint Louis, Missouri, ele fez uma demonstração de comunicação sem fio, que pôde ser considerada a primeira transmissão de rádio. Mesmo não obtendo nenhum reconhecimento por isso.

Naquele mesmo ano, ocorreu, na cidade de Chicago, nos Estados Unidos, a Exposição Universal de Chicago, na qual foram comemorados os 400 anos do descobrimento da América. A inauguração ocorreu em 1.º de maio.

O mundo inteiro se voltou para Chicago. A exposição foi anunciada como o começo de um novo mundo. Personalidades de todo o planeta estavam presentes naquele dia.

Chicago havia sido reconstruída depois de um incêndio que quase a fez desaparecer. Os novos prédios, de arquitetura clássica, reluziam sob o sol que brilhava, elegante, como um convidado a mais da festa.

Logo começou a entardecer. A noite, com seu traje sedoso e preto, se aproximava.

O presidente dos Estados Unidos, Stephen Grover Cleveland, e o prefeito de Chicago, Carter Harrison, fizeram os discursos de inauguração. A multidão quase não conseguiu escutá-los, pois a quantidade de pessoas reunidas ali havia ultrapassado todas as expectativas.

Então, foram ouvidas vozes harmônicas de um coral e depois, o silêncio se fez. A melodia, como se fosse o canto de sereias, hipnotizava a todos os presentes.

Atrás do palco, onde estavam as autoridades e personalidades de destaque, um homem alto, magro, muito elegante e de olhos azuis elétricos, se movimentava inquieto.

CHICAGO

As pessoas murmuravam enquanto o coral entoava a canção. O homem elegante caminhava com nervosismo.

O presidente Cleveland se aproximou de um interruptor. Ele o apertou e a magia se fez. Cento e sessenta mil lâmpadas se acenderam e a luz iluminou o céu, atravessando a escuridão como uma flecha.

Nikola Tesla, o homem que poucos instantes antes caminhava com nervosismo, sentiu profunda emoção. Procurou na multidão até encontrar George Westinghouse. Trocaram olhares e sorriram com cumplicidade. Tudo havia saído bem.

Tesla, por meio da empresa de Westinghouse, foi o encarregado de iluminar a Exposição Universal de Chicago com o sistema de corrente alternada. Aquela foi a primeira iluminação pública de grande magnitude com lâmpadas elétricas do mundo.

A guerra entre as correntes tinha terminado. A corrente alternada havia vencido, não restavam dúvidas acerca de sua superioridade.

Nikola Tesla não tinha se enganado.

6. HIDRELÉTRICA. O TROVÃO DE ÁGUA

Seis meses depois da Exposição de Chicago, a empresa Westinghouse conseguiu permissão do governo para montar uma hidrelétrica nas Cataratas do Niágara.

A visão que Nikola Tesla havia tido aos quinze anos, e que havia contado ao pai, agora estava se tornando realidade.

Nikola trabalhou incansavelmente com engenheiros e projetistas para melhorar os geradores e os motores.

A planta hidrelétrica usava a força da água das cataratas para gerar energia. A potência da água fazia girar as rodas, que eram enormes. Estas alimentavam os geradores, que produziam eletricidade.

A palavra *Niágara* vem de um vocábulo pertencente à língua dos nativos da região que, teoricamente, significaria "trovão de água". Assim como Tesla, os ancestrais americanos também sabiam que a energia existia desde sempre.

A construção de uma hidrelétrica no fim do século XIX significou um enorme esforço econômico do qual não participou apenas Westinghouse, mas também os empresários mais prósperos da época.

Mas nem todas as notícias eram boas. Enquanto a construção da planta avançava, em 1895, o laboratório de Tesla pegou fogo. O inventor perdeu todo o seu trabalho. Suas anotações, seus projetos e todo o material acumulado ao longo dos anos viraram cinzas. O incêndio foi um duro golpe para o cientista.

Antes do incêndio, Nikola estava pesquisando o que logo seria conhecido como raio X, e tinha escrito algumas coisas a respeito.

Fig. 2

No fim do mesmo ano, o alemão Wilhelm Rongten se adiantou: descobriu os raios X utilizando uma válvula termiônica idealizada e patenteada por Tesla.

Aqueles foram dias nebulosos em sua vida, sentia que não conseguia realizar seus trabalhos com sucesso. Mas logo aconteceu algo que seria uma das maiores satisfações que Tesla teve na vida.

A hidrelétrica das cataratas do Niágara estava pronta.

À meia-noite do dia 16 de novembro de 1896, Búfalo, uma cidade situada a 32 quilômetros da hidrelétrica, foi iluminada com a energia elétrica transportada a partir da central hidrelétrica das cataratas do Niágara.

Já não restavam dúvidas. A corrente alternada era o futuro.

Depois da bem-sucedida realização da central hidrelétrica das cataratas, a vida de Tesla mudou. Sua carreira científica progrediu cada vez mais, e não parecia parar. Ele se transformou em uma celebridade. Todos queriam conhecer o homem que havia iluminado o mundo.

E como era sua vida pessoal? A vida de Nikola era totalmente dedicada à ciência. Ninguém, por mais brilhante que fosse, poderia ter conseguido o que ele conseguiu sem esforço e sem dedicar-se quase exclusivamente ao trabalho.

Nunca se casou nem teve uma companheira. Mas era um grande admirador das mulheres. Tesla acreditava que as mulheres eram seres superiores: “têm qualidades mentais e espirituais tão delicadas que as tornam seres muito superiores aos homens”.

Nikola era um cientista excêntrico que tinha certas manias e fobias muito particulares.

Uma das mais conhecidas era sua obsessão pelos números 3, 6 e 9. Esses números são considerados sagrados no hinduísmo e no budismo, filosofias das quais ele era adepto. Sua personalidade fazia com que ele controlasse todos os aspectos da sua vida para que tivessem relações com esses números. Como?

Tesla sempre morou em hotéis, e o número de seu quarto tinha que somar 3, 6 ou 9. Por exemplo, no último ano de sua vida, hospedou-se no hotel New Yorker e ocupou o quarto número 3327 (3+3+2+7= 15 / 1+5 = 6). O quarto ficava no andar 33 (3 + 3 = 6). Além disso, lavava as mãos três vezes e dava três voltas antes de entrar no hotel.

Outra de suas obsessões era a limpeza, pois tinha pânico de micróbios. Por isso, não permitia que ninguém tocasse suas coisas e, antes de comer, limpava os talheres minuciosamente 18 vezes (um múltiplo de 3), e comia com luvas. Também detestava tocar objetos esféricos.

Tesla tinha o ouvido muito sensível. Conseguia ouvir sons que eram totalmente imperceptíveis a outras pessoas. Por isso, os ruídos o incomodavam muito.

Não gostava de eventos sociais, mas desfrutava das reuniões com os amigos: jantava com eles em um famoso restaurante nova-iorquino chamado Delmonico's. Seu círculo de amizades era composto por artistas, escritores e homens de negócios que moldaram a vida cultural norte-americana no fim do século XIX.

Entre essas pessoas famosas, estava o escritor Rudyard Kipling, autor de *O livro da selva*.

Outras personalidades de destaque que Nikola costumava encontrar eram o naturalista John Muir, que fundou o primeiro grupo conservacionista da história, e Stanford White, um arquiteto que realizou várias construções em Nova York, como o Arco do Triunfo na Washington Square.

O genial inventor também se reunia com o poeta e escritor Robert Underwood Johnson, que contribuiu para a criação do Parque Nacional Yosemite na Califórnia. E com sua mulher, Katherine, também amiga de Nikola, passavam muitas horas juntos no laboratório do inventor ou no escritório do escritor. Robert Underwood Johnson, em um dos livros de poesia que escreveu, dedicou a Nikola o poema "No laboratório de Tesla". Em seus versos, fazia referência a todos os objetos-fantasmas que estavam esperando ganhar vida quando o genial Nikola os descobrisse ou inventasse.

Outro dos melhores amigos de Tesla foi o escritor Mark Twain, que escreveu o cativante romance *As aventuras de Tom Sawyer*, uma das obras de maior destaque da literatura norte-americana. Mark Twain visitava o cientista em seu laboratório com frequência e ambos passavam muito tempo juntos. O escritor estava fascinado com a eletricidade e com a iluminação. Os dois tinham grande senso de humor e faziam piadas um do outro.

Em uma das ocasiões em que Twain visitou Tesla em seu laboratório, o inventor pediu que ele ficasse de pé sobre uma plataforma. Seu amigo subiu encantado porque gostava muito de experimentos. O que não sabia era que a plataforma era uma máquina de oscilação que se movia violentamente, imitando o tremor de um terremoto. Quando Tesla apertou o interruptor, Twain levou um susto tão grande que teve que sair correndo para ir ao banheiro. Sem dúvida, naquele mesmo momento, começou a pensar em como devolveria a piada a seu amigo.

Em 1898, foi realizada a primeira exibição de equipamentos elétricos no edifício Madison Square Garden de Nova York. Nikola Tesla surpreendeu a todos. Apresentou o que chamou de barco Teleautomaton, que não passava de um barquinho com bateria com controle remoto. Os espectadores ficaram boquiabertos ao ver como a pequena embarcação avançava na piscina dentro do prédio. Alguns, que achavam impossível que Tesla conseguisse dirigir o barco à distância, chegaram a acreditar que o inventor o controlava com a mente!

O século terminava e a modernidade chegava com todos os seus progressos. Tesla sempre estava um passo à frente no tempo.

7. SOLAR. O PODER DOS ASTROS

Em 1899, Tesla disse que seu novo laboratório em Nova York, que havia montado depois do incêndio alguns anos antes, estava pequeno para o desenvolvimento de todas as ideias e de todos os experimentos que tinha em mente. Por isso, nesse mesmo ano, mudou-se para a cidade de Colorado Springs, no Estado do Colorado.

A primeira coisa que fez foi procurar acomodação. Hospedou-se no hotel Alta Vista, no quarto 207 (um número divisível por três), e começou a construir seu novo laboratório. John Astor, um dos homens mais ricos dos Estados Unidos, era quem dava o dinheiro. Mas por que esse homem estava interessado em financiar os experimentos de Tesla?

Nikola havia contado a ele que se dedicaria a desenvolver o que chamava de "luz fria", que não era nada além do que hoje conhecemos como luz fluorescente, tubos de luz que podemos ter em nossa casa ou nos ambientes comerciais. Astor imaginava que um tubo que iluminava e que fosse mais eficiente que a lâmpada elétrica representaria um grande negócio.

Tesla, que já tinha 43 anos, não pensava nos negócios. Continuava obcecado com a transmissão de eletricidade a grandes distâncias, sem cabos. Para conseguir isso, precisava gerar milhões de watts e esse era um de seus propósitos ao construir seu laboratório. Estava determinado a desenvolver um transmissor de grande potência.

Nikola passou oito meses em Colorado Springs. Durante esse tempo, registrou todas as suas pesquisas em um diário. Escreveu quinhentas páginas à mão com descrições e ideias, e reuniu duzentas ilustrações de seus experimentos.

O incrível inventor construiu uma enorme bobina de Tesla, que era a mais potente já feita até aquele momento. Com esse dispositivo, conseguiu imitar a força da natureza. A energia que gerou com essa bobina foi tão grande que se transformou no primeiro homem a criar uma potência elétrica como a de um raio!

Para que queria tanta eletricidade? Tesla acreditava que quanto mais energia elétrica gerasse, maior seria o campo magnético produzido e, ao se expandir, conseguiria fazer com que a energia viajasse, sem cabos, por muitos quilômetros.

Essa bobina era a base sobre a qual pretendia desenvolver a transmissão de eletricidade sem fios, para conseguir fazer com que toda a humanidade desfrutasse da energia. Seu sonho era que a eletricidade chegasse a todas as pessoas de modo gratuito. Queria transformar o mundo em um lugar mais habitável para os homens e para as mulheres do planeta, sem distinção.

Por tudo isso, o inventor era um visionário. As projeções para o futuro feitas por Tesla a respeito do desenvolvimento da eletricidade o levaram a imaginar novas aplicações e usos não pensados até então.

Em uma ocasião, disse:

Um instrumento de baixo custo, do tamanho de um relógio, permitirá que seu portador escute, em qualquer lugar, seja no mar ou na terra, música, canções ou o discurso de um líder político, feito em qualquer outro lugar distante. Da mesma maneira, qualquer desenho ou impressão poderá ser transferido de um lugar a outro.

Por acaso o genial inventor, no fim do século XIX, se referia aos telefones celulares? Sim, isso mesmo. Obviamente que, naquele momento, ele não tinha como saber que estava falando de celulares! Passaram cem anos até que suas previsões se tornaram realidade.

Ele sabia que suas ideias podiam se realizar, mas era muito difícil para ele colocá-las em prática! Além disso, era pressionado pelos investidores. Se quem o financiava não conseguia ver nenhum invento concreto que lhes desse dinheiro, o investimento seria suspenso.

Um dia, dentro de seu laboratório, concentrado em fazer com que funcionasse a transmissão de eletricidade sem fio, usou uma potência elétrica tão forte que queimou o gerador elétrico da cidade e causou um apagão total. A empresa de eletricidade o proibiu de voltar a utilizá-lo. O acidente foi causado porque gerou ondas de alta frequência com grande potência de calor. Quase cem anos depois, esse "erro" de Tesla serviu como base para a invenção do forno de micro-ondas.

Agora você já sabe: quando esquentar um prato ou descongelar um frango, pense no grande Nikola.

Durante os oito meses que passou em Colorado Springs, também fez descobertas que seriam muito importantes no futuro para a sismologia, ou seja, a ciência que estuda os terremotos.

Mas a obsessão com suas invenções e com seu trabalho, somada a suas visões, fez com que os empresários, os investidores e parte do público, de modo geral, que recebia notícias do grande inventor por meio dos jornais, começassem a desacreditar nele. É muito difícil explicar que uma pessoa que tem visões não seja chamada de louca.

Uma noite, quando ainda estava em seu laboratório trabalhando, as antenas e os instrumentos começaram a girar com força. Tesla interpretou isso como uma tentativa de comunicação extraterrestre e anunciou ao público que tinha recebido mensagens do planeta Marte. Acredita-se que, na verdade, ele recebeu raios gama ou raios cósmicos, cuja existência era desconhecida no fim do século XIX. Esses raios se produzem no espaço e normalmente não chegam à superfície terrestre. Talvez, os instrumentos com os quais Tesla gerava energia pudessem ter captado algum desses raios e Tesla pensou se tratar de uma comunicação extraterrestre.

A verdade é que as pessoas começaram a duvidar de sua sanidade mental.

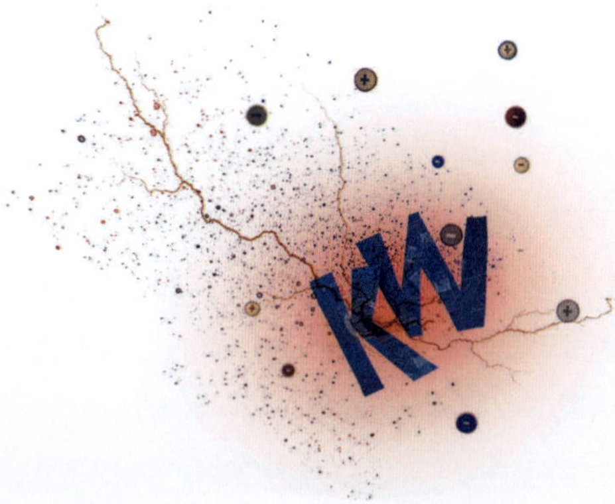
KW

8. EÓLICA. A FORÇA DO VENTO

Em janeiro de 1901, Nikola Tesla voltou a seu laboratório de Nova York. Acomodou-se no hotel Waldorf Astoria e começou a buscar financiamento para seu projeto. Insistia na possibilidade de transmitir energia sem fio.

Um dos empresários mais ricos do país, J. P. Morgan, atraído pelo negócio milionário no qual tinha se transformado a corrente alternada de Tesla, interessou-se pelo que o cientista tinha para propor. Entregou 150 mil dólares a Tesla e disse que era todo o dinheiro que daria até conseguir ver uma demonstração prática do projeto.

Tesla comprou um terreno em Long Island, Nova York, e começou a construir uma torre enorme de alta tensão, à qual deu o nome de torre Wardenclyffe. Com ela, planejava não só conseguir comunicações sem fio, ou seja, enviar sons à distância, mas também provar que era possível enviar energia elétrica sem fios através do oceano Atlântico de forma gratuita.

Mas então, algo aconteceu que travou os projetos de Tesla.

Em dezembro de 1901, Guillermo Marconi, engenheiro, empresário e inventor italiano, transmitiu a primeira mensagem sem fio através do Oceano Altântico.

Quando soube, Nikola disse:

"Marconi tem mais iniciativa do que conhecimento. Que ele continue. Está usando dezessete de minhas patentes."

Tesla desvalorizou o feito de Marconi, mas o público, não. E nem os investidores. J. P. Morgan deixou de financiar Tesla e sua torre Wardenclyffe.

Três anos depois, a Oficina de Patentes dos Estados Unidos outorgou a patente do rádio a Marconi. Tesla entrou com ações na justiça para que fossem reconhecidas as dezessete patentes que Marconi tinha utilizado para realizar sua invenção. Teve início, então, uma disputa entre os dois.

Sem a possibilidade de continuar com sua torre de Wardenclyffe, Tesla prosseguiu trabalhando com suas invenções. Nunca descansou. Nunca desistiu.

Em 1906, aos 50 anos, criou uma turbina sem hélices. Diferentemente das tradicionais, que tinham hélices, a de Tesla economizava energia e era fácil de construir. Na realidade, essa turbina é usada nos aviões e nos barcos.

Três anos depois, em 1909, Marconi recebeu o prêmio Nobel de Física. Isso acabou com Nikola. Não por que os prêmios fossem importantes para ele, nem mesmo o Nobel, mas porque sabia que a invenção de Marconi tinha sido possível graças a seus próprios inventos e ele não tinha recebido reconhecimento por eles.

Depois dos problemas gerados por seus experimentos no laboratório de Colorado Springs, Tesla havia ficado em uma situação muito ruim com seu especialista em finanças, John Astor. Mas, depois de um tempo, deixaram as diferenças de lado e começaram a trabalhar juntos em um projeto sobre sistemas de propulsão de naves.

No dia 10 de abril de 1912, o barco mais imponente do mundo zarpou da Inglaterra em direção aos Estados Unidos. Ele se chamava *Titanic*. Quatro dias depois, o enorme navio naufragou.

John Astor estava a bordo dele. Mais uma vez, o cientista ficava apenas com suas ideias, sem ajuda financeira para desenvolvê-las.

Suas crises nervosas começaram a se tornar mais frequentes, o que fazia com que sua credibilidade entre os consultores financeiros, e também dentro da comunidade científica, ruísse cada vez mais. Conforme os inventos floresciam e a ciência e a tecnologia avançavam a passos largos, o genial Nikola Tesla não conseguia encontrar seu lugar.

Em 1915, começou a escrever artigos científicos que, mais tarde, foram publicados por partes na revista científica Electrical Experimenter. A publicação desses artigos gerou algum dinheiro. Esses textos logo foram compilados e editados, e fizeram parte de um livro autobiográfico chamado Minhas invenções.

Incansável, Nikola continuava trabalhando. Em 1917, inventou o velocímetro e, graças ao que cobrou por essa patente, sobreviveu aos anos seguintes. Também nesse ano, esse gênio da ciência criou as bases para a invenção dos radares.

No entanto, seus amigos estavam preocupados com sua saúde mental. Nikola havia desenvolvido uma obsessão por pombos. Como não tinha parentes, dizia que sua família eram os pombos. Passava horas e mais horas sentado, dando comida a eles. Esse passatempo apenas aumentava os rumores de sua insanidade mental entre as pessoas.

Além disso, apesar de seu amigo Mark Twain já ter falecido em 1910, Nikola continuava enviando cartas à sua casa.

Em 1928, obteve sua última patente: uma máquina voadora com decolagem e aterrisagem vertical, uma mistura de avião e helicóptero. Mas nunca pôde tornar esse projeto realidade.

Passava o tempo e o genial inventor ficava cada vez mais esquecido. Felizmente, sua figura foi resgatada do esquecimento em 1931, quando completou 75 anos. Nessa ocasião, recebeu mais de setenta mensagens dos cientistas e empresários mais importantes do mundo.

Setenta e cinco anos. E seus sonhos estavam intactos. Sem recursos e com credibilidade escassa, ele nunca desistiu. Por quê? Porque para Nikola Tesla o fracasso não era um problema. Ao contrário. Fracassar era a forma de conseguir mais sucesso.

Em dezembro de 1904, o jornalista Frank Carpenter explicou desta maneira em uma matéria com base em uma entrevista com o inventor:

Tesla é um trabalhador diferente. Não se preocupa com os fracassos. Quando realiza uma nova invenção, sabe que de alguma maneira vai obter os resultados que espera, continua experimentando sem parar, com a certeza de que será bem-sucedido.

O inventor me explicou que seus sucessos se devem, em parte, à capacidade que tem de desdobrar sua mente, ou seja, pode ter dois pensamentos ao mesmo tempo. Por exemplo, enquanto fala comigo, consegue olhar atrás de mim, ver umas contas, tentar resolvê-las e seguir a conversa normalmente.

Assim era a mente de Nikola. Tinha uma mente brilhante, isso era claro, mas sempre trabalhou com muito esforço para realizar seus sonhos. O admirável cientista entendia que, quando uma pessoa está comprometida com seu trabalho e acredita no que faz, não pode desistir ainda que as coisas não saiam como ele quer. A fórmula do sucesso para Tesla era, sem dúvida, nunca desistir.

9. CÓSMICA. ATRAVESSANDO O ESPAÇO

No dia 17 de janeiro de 1943, uma empregada do hotel New Yorker, onde Tesla vivia, o encontrou morto. Ele tinha 86 anos.

O funeral aconteceu na Catedral de Saint John, em Manhattan, Nova York.

Apesar de muitos acharem que Tesla tinha enlouquecido nos últimos anos de sua vida, quando morreu, o FBI (Organização Federal de Investigação dos Estados Unidos), deu ordem para que fossem recolhidos todos os textos. Alguns anos depois, um de seus sobrinhos, embaixador da antiga Iugoslávia, conseguiu recuperar todo esse material. Na realidade, há cerca de cento e cinquenta mil documentos originais do inventor genial no Museu Nikola Tesla, em Belgrado, cidade que é capital da Sérvia.

Alguns meses depois de sua morte, a Corte Suprema dos Estados Unidos reconheceu que a invenção do rádio, patenteada por Marconi, se baseava em dezessete invenções patenteadas por Tesla. Infelizmente, ele não conseguiu viver o suficiente para comemorar, por fim, o reconhecimento de seu papel fundamental.

Em 1960, Tesla recebeu uma homenagem que poucos cientistas na história da humanidade já receberam. A décima primeira Conferência Geral de Pesos e Medidas, que foi realizada em Paris, decidiu dar o nome "tesla" ao símbolo T, a unidade de medida de densidade do fluxo magnético. Assim, do mesmo modo com que medimos os líquidos em litros ou as distâncias em metros, quando medimos a densidade do fluxo magnético, usamos o tesla.

O mundo do século XXI resgata a figura de Nikola Tesla, meio cientista, meio artista, um gênio que trabalhava com seus sonhos, mas que, acima de tudo, era um visionário.

Dia 6 de fevereiro de 2018. Os espectadores estão reunidos no Centro Espacial John F. Kennedy na NASA, em Cabo Canaveral, Flórida, para testemunhar um acontecimento espetacular.

Engenheiros espaciais, de eletrônica e informática, físicos, engenheiros de telecomunicação, técnicos, gente comum e famosa, curiosos e fanáticos da ciência, estão ali para presenciar o lançamento de um foguete em direção ao espaço.

A humanidade está unida, na expectativa. Como ocorre cada vez que algum acontecimento nos envolve com o espaço e faz com que lembremos como somos pequenos. Meros mortais que habitam um planeta que orbita ao redor do Sol, essa estrela luminosa, fonte de energia de nosso sistema solar há bilhões de anos.

O foguete mais potente do mundo, o gigante *Falcon Heavy*, está na plataforma LC-39A, pronto para partir. Dessa mesma plataforma, 49 anos antes, foi lançado o *Apollo 11*, que levou os primeiros astronautas que pisaram na Lua.

O *Falcon Heavy* é formado por três foguetes que o impulsionarão até a órbita do planeta Marte. A novidade é que os três foguetes propulsores são reutilizáveis, ou seja, espera-se que voltem à Terra depois do lançamento para serem utilizados de novo em futuras missões.

A nave imponente pode transportar uma carga de 64 toneladas, o dobro de qualquer outra, o que abre a possibilidade ao transporte de pessoas e ao turismo espacial.

Chegou a hora da decolagem.

Inicia-se a contagem: 10, 9, 8, 7, 6, 5, 4, 3, 2, 1.

Decolar!

O *Falcon Heavy* usa toda a sua fúria e faz a Terra tremer.

Os foguetes propulsores rugem e causam uma nuvem que se espalha por vários quilômetros.

As pessoas aplaudem. Pulam. Gritam.

O gigantesco foguete segue sua trajetória até o espaço profundo.

Logo, dois dos foguetes propulsores se separam da nave principal e voltam à Terra, conforme o previsto. Quando as rodas de aterrisagem dos foguetes tocam o solo ao mesmo tempo, como se fosse uma coreografia, os aplausos se transformam em uma ovação. A emoção, em lágrimas.

A nave principal continua sua viagem ao espaço. Então, ela desprende a parte de cima e a surpresa se revela. A única carga que a nave leva é um carro elétrico conversível roxo. É o primeiro automóvel a ser colocado em órbita.

No assento no condutor, viaja Starman, um boneco com roupas de astronauta. E, no painel do carro, há uma placa na qual se lê: *Don't panic!* (Não entre em pânico!).

E para dar uma música a essa cena espetacular, no rádio do carro está tocando uma música de David Bowie: *Space Oddity.*

Far above the moon
Planet Earth is blue
And there's nothing I can do

Muito acima da Lua
O planeta Terra é azul
E não há nada que eu possa fazer.

O carro com Starman ao volante tem como objetivo chegar à órbita do planeta Marte.

Qual é a marca do carro que está viajando pelo espaço?

TESLA

Se quiser descobrir os segredos do universo, pense em termos de energia, frequência e vibração.

Nikola Tesla